A LA MÉMOIRE

DE

M. Raymond FROMENT

ORGANISTE

DE L'ÉGLISE COLLÉGIALE SAINT-MICHEL

SES AMIS DE CASTELNAUDARY

A LA MÉMOIRE

DE

M. Raymond FROMENT

ORGANISTE

DE L'ÉGLISE COLLÉGIALE SAINT-MICHEL

SES AMIS DE CASTELNAUDARY

ALLOCUTION prononcée aux obsèques de M. Raymond FROMENT, par M. Hyacinthe de VÉSIAN.

NOTICE Nécrologique, par M. A. B. C.

La Mort d'un Artiste chrétien, par M. A. F.

Extrait de MES SOUVENIRS, par G. BAILLE, directeur du Conservatoire de Perpignan.

Extrait d'un DISCOURS de Mlle B.

NOTICE de M. Aloys KUNC, maître de chapelle de la métropole de Toulouse.

ALLOCUTION

Prononcée par M. Hyacinthe de VESIAN aux obsèques de M. Raymond FROMENT

Le 30 juin 1880.

Vous êtes venus, comme moi, Messieurs, rendre les derniers devoirs à un artiste distingué, qui fut aussi un homme estimable et bon. Son souvenir ne s'effacera pas de longtemps de notre mémoire et la difficulté, l'impossibilité peut-être, de remplir le vide creusé par sa fin prématurée, rendra nos regrets plus durables et plus cuisants !

Il consacra sa vie à l'étude et au culte de la musique ; de cet art sublime et indéfinissable, peut-être parce qu'il soulève un coin du voile qui nous cache l'infini ; de cet art qui sait si bien exprimer, si bien peindre tous nos sentiments, lorsqu'ils sont arrivés à ce degré d'élévation extatique où l'éloquence elle-même devient impuissante.

Et cependant plusieurs le croient un art frivole, sans doute parce que, grâce à sa remarquable souplesse et à son universalité, il sait se prêter aux futilités humaines. Mais admirons-nous moins l'éloquence parce que, elle aussi, se prostitue quelquefois ?

Raymond FROMENT est le fils de ses œuvres, et nous devons honorer en lui le travail au moins autant que le talent.

L'humble enfant de chœur d'une maîtrise est devenu, en peu de temps, l'un des organistes les plus renommés de notre région.

A dix-neuf ans, il vint se fixer à Castelnaudary. Ses débuts furent heureux ; il n'a pas connu les déboires, les injustices, les mesquines jalousies qui remplissent si souvent d'amertume la vie des artistes et qui leur font une couronne de misères, visible encore alors que la gloire y a enchâssé ses fleurons d'or !

Dès son arrivée, les élèves se pressèrent à ses leçons. Le travail procura l'aisance, la moralité et le caractère donnèrent la considération, le talent fit le reste.

Chargé de l'organisation d'un orphéon, Froment obtint avec cette Société chorale des succès signalés ; il écrivit des mélodies agréables, se perfectionna sur le piano et devint un exécutant et un lecteur de première force.

Mais ses qualités maîtresses se manifestèrent surtout dans sa très-remarquable virtuosité sur l'orgue.

N'est pas organiste qui veut, Messieurs, même parmi les musiciens émérites.

Il ne faut pas croire que la multiplicité infinie et la perfection croissante des ressources mécaniques de cet instrument, ou plutôt de cet orchestre qu'on appelle l'orgue, en rendent le maniement plus facile !

La mise en œuvre et la combinaison de tous ces éléments multiples et compliqués constituent une tâche redoutable, et pour faire parler comme il convient ce concert d'anges qui veulent bien descendre jusqu'à nous, il faut savoir se faire des ailes, et s'élever au devant d'eux.

L'être humain tout entier dépense là toute sa force physique, toute son énergie et toute sa puissance intellectuelles : l'enfantement de la pensée, la critique de soi-même, l'application à l'idée simple des combinaisons scientifiques, la transmission de ces opérations complexes de l'esprit aux organes qui les traduisent, la direction dans le dédale des difficultés matérielles de l'exécution, tout cela doit se concevoir et se produire en même temps. Que dis-je ? La conception de l'idée mère et le choix du procédé scientifique doivent être en avance sur les autres opérations de l'esprit et du corps, qui poursuivent leurs cours, et ce dédoublement des facultés n'est pas l'un des mystères les moins curieux et les moins admirables de l'âme humaine!

Raymond FROMENT sut merveilleusement triompher de ces difficultés: des centres artistiques importants nous l'enviaient, et nous devons lui savoir gré de n'avoir pas été ingrat envers sa patrie d'adoption qui ne lui avait ménagé ni l'estime pour sa personne, ni la considération pour son talent.

Nous pouvons, sans flatterie aucune, lui adresser, avec notre suprême adieu, cet hommage, le plus désirable et le plus consolant, cet hommage que tout homme d'honneur ambitionne :

Il a fait son devoir !

Et son ardeur à accomplir sa tâche, sa passion pour cet art divin auquel il se consacra tout entier ont peut-être abrégé sa vie !

Mais non! Ne serait-ce pas plutôt qu'ayant accompli avec tant de zèle son labeur en ce monde, cet homme qui avait su faire un si bon usage des dons de la Providence et qui les avait si merveilleusement fécondés, ne devait pas attendre plus longtemps la récompense éternelle pour son travail, son talent, sa foi et sa vertu !

NOTICE NÉCROLOGIQUE

Par M. A. B. C.

(Extraite de la *Semaine catholique*, de Carcassonne, du 3 juillet 1880).

Une existence douce et pieuse vient de s'éteindre dans notre ville de Castelnaudary. Entre une et deux heures du matin de la journée de mardi, fête de saint Pierre et de saint Paul, M. Raymond Froment, organiste de l'Eglise Saint-Michel, a rendu sa belle âme à Dieu, à l'âge de 40 ans.

Atteint depuis deux mois environ de la maladie qui devait nous l'enlever, ce grand et courageux chrétien n'a pas cessé un instant d'être pour nous un modèle de résignation et de patience.

De remarquables dons naturels, secondés par un travail consciencieux et opiniâtre, avaient fait de Raymond Froment un de ces artistes de réelle valeur, rompus à toutes les difficultés de l'art musical et dont la réputation, volontairement circonscrite aux bornes d'une région, fût devenue de la gloire s'ils avaient consenti à se montrer sur un théâtre plus élevé.

Rien n'y put décider notre généreux ami : ni l'appât du gain, ni les sollicitations de quelques grandes amitiés artistiques, les Guilmant et les Cavaillé-Coll, par exemple, qui lui prédisaient ailleurs le plus brillant avenir.

Il n'accorda qu'à l'amitié la faveur de rares auditions, à Toulouse, et dans quelques autres villes voisines, et, à l'époque de l'Exposition universelle, les plus vives instances ne purent le décider à prendre rang parmi les artistes qui inaugurèrent avec tant d'éclat les concerts d'orgue du Trocadéro.

Raymond Froment a vécu et est mort dans sa ville d'adoption, entouré de l'estime et de la considération universelles. Il aimait à recevoir dans son salon les quelques amis qui partageaient, avec ses convictions religieuses, ses préférences musicales. Il y passait en revue, pour son plaisir et pour le leur, les chefs-d'œuvre du grand répertoire classique. Parfois il jouait ses propres compositions ; mais il fallait l'en prier, et il avait soin auparavant de les déclarer bien imparfaites.

Ainsi, entouré d'amis de choix, ayant à ses côtés celle qui fut pendant huit ans l'ange béni de son foyer, et qui ne cessa pas un instant de lui rendre la vie douce et facile ; le cœur reposé et la figure souriante, heureux d'avoir su borner son horizon, Raymond Froment semblait dire avec le poète :

J'ai choisi la meilleure part :
Tout bonheur que la main n'atteint pas n'est qu'un rêve.

Après l'avoir entendu sur l'harmonium, où il excellait ; sur le piano qui n'avait plus de secrets pour lui, il fallait suivre Raymond Froment à l'Eglise.

Comme il est des chantres gagés, il est des organistes mercenaires. Notre ami n'était pas de ceux-là. Animé d'une foi vive, éclairée, agissante, le langage qu'il prêtait à son instrument était bien l'hommage de son cœur pieux, enthousiaste et tout embrasé des flammes du divin amour.

Avant de monter à l'orgue, il cherchait, chose rare, à pénétrer le sens des fêtes chrétiennes à travers leur symbolisme. Il en savourait, pour ainsi dire, d'avance, les joies ou les tristesses. Après cela faut-il s'étonner que ses improvisations eussent toujours cette convenance et ce caractère d'actualité qui allait droit à l'âme, et faisait vibrer le sentiment de ses auditeurs à l'unisson du sien.

La légende orientale parle d'un rossignol qui s'épuise jusqu'à mourir en chantant les sensations inconnues qui s'agitent dans sa frêle poitrine. Qui sait si notre ami, nature délicate, fine et sensitive à l'excès, n'a pas succombé, lui aussi, sous le poids écrasant de l'idéal qui ne cessa jamais de le tourmenter !

L'idéal ! il fut la joie et le tourment de sa vie. Il le poursuivait sans cesse, amant passionné de l'art dans sa plus haute manifestation. Il le poursuivait encore aux heures de recueillement qui précédèrent son agonie quand, les yeux fermés et l'esprit absorbé dans un rêve céleste, sa belle main d'artiste modulait ou plaquait des accords sur ce drap mouillé de pleurs, qui allait être bientôt son suaire ; accords pleins d'harmonie sans doute que son âme à moitié dégagée des sens percevait sans intermédiaire, puisque sa figure et son sourire semblaient, par intervalles, s'épanouir en d'ineffables ravissements.

Raymond Froment est mort, uni à son Dieu qu'il recevait pieusement toutes les semaines. Ouvrier de la première heure, le Maître céleste n'a pas voulu attendre la fin de la journée pour lui donner son salaire. Du haut du Ciel il prie pour nous, pour sa mère qui l'aimait tant, pour son frère, pour sa sœur, pour ses neveux. Il demande aussi la résignation et le courage pour celle qui, ayant tout perdu en lui, ne veut pas être consolée.

LA MORT D'UN ARTISTE CHRÉTIEN.

Par M. A. F.

(Notice extraite de la *Musica sacra*, de Toulouse, livraison de juillet 1880).

L'art et la religion, si bien faits pour s'entendre, viennent de faire une perte irréparable en la personne de M. Raymond Froment, organiste de Saint-Michel, à Castelnaudary.

L'art chrétien a, dans nos temples catholiques, comme une sorte de sacerdoce à exercer, et la musique surtout, de tous les arts le plus élevé et le plus divin, contribue pour une grande part à la célébration de nos sacrés mystères, à la grandeur et à l'éclat de nos solennités.

Notre éminent artiste avait compris ce rôle si noble et si grand. On peut dire qu'il a mis toute son âme et consacré toute sa vie à remplir dignement ce ministère sacré.

Sa foi si robuste l'avait éclairé sur sa mission, et, grâce à cette piété angélique que tout le monde lui reconnaissait, il priait lui-même, selon le précepte antique, pour faire prier les autres et élever les âmes vers les choses d'en haut. Telle est, en un mot, la loi de l'art religieux, ou plus simplement de l'art en lui-même.

Il fut véritablement le type de l'artiste chrétien. Tous ceux qui l'ont connu s'accordaient à voir en lui comme une de ces douces et modestes figures du plus grand siècle chrétien de notre histoire pour qui l'existence n'était qu'une sorte d'initiation à la vie céleste.

Doué d'une nature fine et délicate, accessible à toutes les nobles émotions, sa vie entière ne fut qu'un long rêve de cet idéal divin dont la poursuite tourmente les grandes âmes; aussi, reconnaissait-il que le sentiment religieux, en qui se résumait toute son âme, est l'unique source du beau dans les productions de l'art, le foyer où s'allume le flambeau du génie et d'où jailli l'inspiration véritable.

Ce remarquable organiste si profondément religieux avait au suprême degré l'intuition du beau dans tout ce qu'il a de plus élevé, de plus idéal; les pages les plus savantes de Bach, de Mendelssohn, de Lemmens n'étaient pas pour lui des révélations, mais bien l'impression de ses sentiments élevés, l'écho de sa grande âme.

Il rendait cette musique aussi difficile à exécuter

qu'elle est savante et profonde, avec un éclat, une passion sympathique si remarquable, que l'on a écrit de lui que ces grands maîtres eux-mêmes n'eussent pas mieux interprété leurs propres compositions que cet éminent artiste.

Chez lui, ajoute-t-on, « les trois ou quatre parties qui sortent simultanément soit des claviers, soit des pédales, se détachent avec une netteté si parfaite, une expression si saisissante, qu'on est sous le charme d'une telle exécution. *Il n'a qu'un tort : celui d'être organiste en province.* »

Qu'il était beau à voir sur son clavier auquel il transmettait tout son souffle, toute son inspiration, toute son énergie vitale, où il s'épuisait en quelque sorte à traduire l'idéal qui l'obsédait pour émouvoir ses auditeurs ! On voyait comme de divins reflets illuminer le front de ce saint artiste, lui inspirer ses improvisations d'une suavité touchante et d'une fraîcheur incomparable.

Virtuose sur le piano, il semblait plongé dans l'extase quand il interprétait quelqu'une de ces pages pathétiques et indéfinissables de Beethoven.

Lecteur de première force, transpositeur remarquable, accompagnateur si parfait que Sivori se plaisait à répéter qu'à Paris seulement il avait trouvé son égal, il était avec cela d'une modestie et d'une simplicité incroyables.

Dans ses compositions comme dans ses improvisations sur l'orgue, on remarque surtout le caractère religieux, la grâce et le naturel. Nous ne saurions mieux en donner une idée qu'en les comparant à celles de Lefébure dont le genre est si français. Certaines de ses œuvres ont obtenu plusieurs éditions, d'autres n'ont jamais paru malgré les demandes de ses éditeurs de Paris.

R. Froment, n'ayant jamais voulu quitter sa patrie d'adoption, a plusieurs fois refusé le titre d'organiste dans de grandes cathédrales; à peine a-t-il consenti à quelques inaugurations d'orgues, notamment à Toulouse, sa ville natale, où il prouva qu'il n'avait point d'égal.

Honneur donc à la cité de Clémence Isaure d'avoir produit un artiste dont elle a le droit d'être fière! Elevé là, à l'ombre du sanctuaire, comme la plupart des grands maîtres classiques, à la maîtrise de la métropole, il suivit modestement les leçons de ses maîtres qu'il devait surpasser un jour. A peine sorti des bancs de l'école, il commença dans le professorat une vie de pénibles labeurs, et vint à dix-neuf ans se fixer à Castelnaudary.

Doué de puissantes ressources naturelles, il se perfectionna de lui-même dans son art, et, par un travail opiniâtre et consciencieux, il était devenu l'un des premiers artistes du Midi.

Il est mort à quarante ans, victime de son

dévouement, de son ardeur dans l'accomplissement constant de tous ses devoirs, de son zèle pour la diffusion de l'art dont il avait véritablement le culte. La poursuite aussi de cet idéal divin qu'il portait dans son âme en a usé prématurément la mortelle enveloppe. Il soutenait cet élan qui le portait aux choses d'en haut par une application incessante aux travaux de la pensée. Il vivait véritablement par l'esprit. Il aimait les lettres et les arts, la poésie comme la musique.

La religion n'a pas une part moindre que l'art dans la perte de celui que nous pleurons.

Une douceur inaltérable, une exquise urbanité, l'aménité des manières et surtout une modestie charmante jointe à une aimable simplicité qu'il semblait avoir conservées depuis son enfance, tel était le reflet extérieur de ce grand chrétien et de cette âme d'élite. Au dedans la foi dirigeait tous ses actes ; rien n'avait jamais flétri la fraîcheur et la délicatesse de ses sentiments. Toutes ces qualités réunies en avaient fait l'homme le plus accompli, le plus aimable et lui avaient vite acquis l'estime et la sympathie. L'ensemble de ses vertus que la piété la plus solide résumait toutes embaumait les âmes de tous ceux qui l'approchaient. La candeur de son âme, la limpidité et la pénétration de ce regard intérieur de l'esprit l'avaient rendu digne d'entrevoir dès ici-bas l'idéal de la beauté infinie vers laquelle il a soupiré toute sa vie.

Jusqu'à son dernier souffle, alors que la vie abandonnait ses membres mortels, son âme semblait absorbée dans des rêves célestes. Il souhaitait ardemment la vue de Dieu ; avant même que son âme s'envolât du corps, il paraissait la goûter d'avance au sein de mystérieuses harmonies qui n'étaient plus de la terre.

Il contemple maintenant l'idéal infini de l'art que la faiblesse humaine ne peut totalement saisir ici-bas, et dont la réalisation trop imparfaite fait le tourment et le désespoir de l'artiste.

Toute la vie de cet homme éminent peut se résumer en ces mots : Il fut, au sein de l'épreuve terrestre, dans l'anxiété de l'attente et le fortifiant avant-goût de la révélation suprême.

Aussi, laisse-t-il à celle qui fut la compagne aimante et dévouée de son existence, à ses parents et à tous ses amis d'amers et éternels regrets.

Extrait de MES SOUVENIRS

Par M. G. BAILLE

Directeur du Conservatoire de Perpignan.

―――――

..... Je parle de l'heureux temps où, quittant pour quelques jours le caractéristique pays du Roussillon, j'allais retrouver dans une autre belle contrée tout ce que j'aimais :

Un ami, un artiste, une large et gracieuse hospitalité, une riche bibliothèque, un orgue superbe de Cavaillé-Coll, *le grand*, un magnifique piano à queue de la célèbre maison Erard, un splendide harmonium d'un homme de génie, Mustel : mon Amati se trouvait là en riche et brillante compagnie.

La bonne et douce figure de l'ami qui m'attendait semblait me dire : Arrivez vite, tout mon monde harmonique vous attend avec impatience.

Cet ami, cet artiste, ce cœur d'or avait nom : Raymond Froment.....

Il y avait dans nos goûts, nos aspirations vers le beau, nos préférences, une similitude étrange. Aussi quelles longues et amicales causeries sur nos maîtres préférés ! Même admiration pour les œuvres de Bach, de Mendelssohn, ces deux colosses ; de Lefébure-Wely, le chantre délicat, distingué, véritable Benvenuto Cellini ; de Lemmens, chef d'une belle école, qui fera époque ; de Guilmant, le jeune maître qui s'efforce de donner au style de l'orgue une nouvelle signification ; de Widor qui, dans ses symphonies pour orgue, semble vouloir dépasser tout ce qui a été fait.

. . . .

Je plains sincèrement ceux qui n'ont pas connu Raymond Froment : l'homme et l'artiste ; l'homme avec sa nature d'élite, ses élans généreux, les délicatesses infinies du cœur, les dévouements sans bornes ; l'artiste aux nobles inspirations, qui n'avait qu'un seul tort, celui de cacher trop souvent son talent sous le boisseau. Il était sans conteste l'un des meilleurs organistes du Midi. Grand interprète de nos grands compositeurs, il avait le don fort rare de donner à chaque composition son caractère propre. Il passait tour à tour de Bach à Guilmant, de Mendelssohn à Saint-Saëns, de Couperin à Lefébure-Wely : c'était toujours Bach et Guilmant ; Mendelssohn et Saint-Saëns, Couperin et Lefébure-Wely. Le sujet de ses improvisations était neuf et heureux ; il savait donner à sa rentrée une forme qui était toujours gracieuse et originale. Lorsqu'on l'entendait aussi sur le piano et l'harmonium, on sentait que le tout était doublé d'un musicien des plus distingués.

R. Froment laisse en manuscrit des œuvres, et surtout des préludes pour orgue bien dignes d'être connus.

L'art a perdu en lui un adepte des plus fervents; Castelnaudary un de ses enfants les plus glorieux et qu'il ne remplacera jamais; la religion une âme forte, convaincue et sainte, et moi mon meilleur ami.

EXTRAIT

D'un discours prononcé à la distribution des prix de Mlle *B. à Castelnaudary.*

Dans ce cercle choisi, notre respectueuse reconnaissance cherche en vain un ami disparu : la mort, de sa faux impitoyable, a moissonné trop tôt sa vie, hélas ! si courte, mais déjà si pleine de mérites pour le Ciel.

Raymond Froment, vous nous manquez, et votre absence a jeté le deuil dans nos cœurs !

Nos instruments, muets depuis de longs mois, disaient assez notre tristesse ; nous avons repris nos chants pour cette réunion de famille, avec la pensée que du haut du Ciel vous encourageriez nos efforts, car votre souvenir est toujours au milieu de nous !

Cette harmonie que nous venons d'entendre est votre œuvre : l'exécution en est due à des élèves de choix, que vous avez formées avec votre pieuse douceur, votre patiente persévérance et votre beau talent.

Oui, à travers nos regrets et nos larmes, nous aimons à redire encore que vous avez été non-seulement notre maître dans l'art musical, mais aussi notre modèle dans la vie chrétienne.

NOTICE

PAR M. ALOYS KUNC

Maître de Chapelle de la Métropole de Toulouse.

J'écris ces lignes sous l'inspiration des sentiments fraternels et chrétiens qui m'ont uni sur la terre à une belle et noble nature, à un bien cher et excellent ami, dont la mort nous a séparés pour quelque temps seulement, Raymond Froment, organiste de l'église Saint-Michel de Castelnaudary, au diocèse de Carcassonne, qui a quitté ce monde après avoir à peine atteint sa quarantième année.

En présence des déchirements de la tombe, sa vie et sa mort si édifiantes sont le plus grand motif de consolation qui nous reste; dans son suprême adieu, il nous a légué lui-même ce motif d'adoucissement à nos regrets; il s'est senti attiré vers un monde meilleur et nous en a tracé le chemin; nous n'en sommes donc séparés que pour un temps.

Il est presque inutile de raconter l'histoire bien simple de l'artiste si éminent auquel notre cœur, depuis nos plus jeunes années, est resté si profondément et si étroitement uni ; sa vie tout entière s'est passée au milieu de ses amis ; chacun sait ici que Raymond Froment, dont le cœur si bien né avait pu se développer, dans l'enfance, au contact de ses affections de famille, entra encore jeune à la maîtrise métropolitaine de Toulouse, cette bien chère et sainte maison, dont les souvenirs étaient, pour lui-même et ses amis, un sujet d'inépuisables jouissances. C'était, en même temps que son intelligence se formait à un labeur persévérant, doter sa pensée de grandes images, de ces impressions profondes que produisent toujours le chant liturgique et les sons majestueux de l'orgue, inséparables des splendides cérémonies de notre divine religion, sous la voûte de nos saints temples. Ce régime sévère à la fois et fortifiant influera certainement sur les œuvres qui devront s'essayer plus tard ; c'est une base de granit donnée à l'édifice futur.

Rompu de bonne heure aux exercices du solfège, sans lesquels tant d'exécutants de nos jours croient pouvoir se dire artistes ; initié à la connaissance du piano et de l'orgue par des maîtres aussi obligeants qu'habiles, Raymond Froment s'attacha surtout à l'étude de l'harmonie qui aide si puissamment à celle de l'orgue.

Il nous a été particulièrement agréable d'écrire ailleurs comment, après avoir été un des meilleurs élèves de la Psallette Saint-Etienne, de Toulouse, notre bien cher ami, grâce à des dispositions singulières et à un travail sérieux et continu, était devenu l'un des organistes les plus distingués du Midi, et aussi l'un des plus appréciés. Son amour poussé à l'égal d'un vrai culte pour l'art, pour l'instrument qui le passionnaient de plus en plus, l'avait doté des qualités les plus solides. A une sûreté imperturbable de mécanisme, il joignait un sentiment intime qui se faisait jour, même à travers les complications de la musique la plus sérieuse, et un don d'assimilation dont l'interprétation claire et facile des compositions les plus difficiles était le résultat immédiat.

Ses auteurs de prédilection, Bach, Mendelssohn, Lemmens, etc., n'avaient pas de secrets pour lui : la netteté, l'aisance et la précision de son jeu ne le cédaient pas à l'intelligence et à l'élévation de style qu'il déployait dans l'exécution de leurs œuvres les plus belles.

Ses improvisations se ressentaient de sa forte et substantielle nourriture artistique.

Tout en se montrant agréable, il était toujours musical, presque sévère, par son style sérieux à la fois et élégant, constamment approprié au caractère des différents jeux de l'orgue, et aussi par la distinction de son harmonie et la fraîcheur de ses mélodies.

Au milieu des fines et capricieuses fantaisies de sa vive imagination mise au service d'une virtuosité qu'aucune difficulté ne déconcerte, on retrouvait le style qui convient le mieux à l'instrument royal, le style d'imitation, mais tempéré par les idées les plus gracieuses.

Il était donc tout naturel d'avoir à constater les succès toujours croissants de notre bien cher artiste, à Castelnaudary ou dans les autres villes qui ont eu le rare bonheur de l'entendre.

Outre les nombreux élèves dont l'aménité de ses relations, non moins que son talent et ses précieux conseils lui méritaient si bien la reconnaissante affection, il a dirigé très souvent et avec une vraie maëstria de remarquables réunions musicales. En toute occasion, il enrichissait obligeamment les concerts de son vrai talent de pianiste et aussi des accords de cet harmonium qui trouvait en lui l'interprète le plus fidèle, le plus pur de la pensée des maîtres.

Ce qui le distinguait entre tous, c'était moins encore sa douceur de caractère, son exquise politesse, qualités pourtant assez rares dans notre société démocratisée, que la bienveillance sincère, affectueuse, dévouée qu'il portait dans ses relations. Dans nos longues et multiples conversations sur l'art et ses adeptes, nous ne nous souvenons pas d'avoir entendu sortir de sa bouche un seul mot qui trahît une préoccupation égoïste ou un semblant de jalousie.

Bon et doux envers tous, que n'a-t-il pas fait, que n'a-t-il pas été pour sa famille, qu'il a toujours tant aimée, que n'aurait-il pas voulu être pour la compagne si dévouée de ses dernières années ?

Calme et résigné devant les plus cruelles souffrances, Raymond Froment est mort comme il avait vécu, en vrai chrétien des temps anciens. Aujourd'hui, il reste à ceux qui veulent suivre la grande voie de l'art un rare exemple ; à nous tous, un bien cher et doux souvenir. Cette affection, ce souvenir seront fidèlement gardés pour cet artiste privilégié qui, puisant aux sources les plus pures de l'harmonie, fit de ses accords une constante prière, et, tout en charmant les oreilles, travailla toujours à élever les cœurs.

C'était vraiment une belle et rare nature d'artiste, et un cœur plein des meilleurs, des plus nobles sentiments ; mais la maladie qui l'a enlevé était une de celles qui ne pardonnent pas ; les soins les plus affectueux et les plus constants, les ressources de la science ont été impuissants à nous le conserver.

Ainsi a été brisée en un instant une carrière déjà brillante et encore pleine d'avenir.

Sa bien digne compagne et sa famille ont perdu en lui le plus rare, le plus inépuisable trésor, et nous un excellent, un véritable ami.

Puissent les croyances si consolantes de notre sainte religion venir, avec nos douloureuses sympathies, en aide à sa famille désolée et adoucir les regrets que sa mort prématurée inspire à ses nombreux amis, à ses concitoyens d'adoption et à tous ceux qui l'ont connu. Puissent-elles surtout calmer la désolation si profonde de celle dont il était à si juste titre la vie, l'orgueil, la consolation et l'espoir!...

Reposez en paix, vous dirai-je à mon tour, grand et noble artiste, saint ami, vous dont la vie et la mort ont été si chrétiennes et si saintes! Dieu, dans sa miséricorde, a dû ceindre votre front de cette couronne d'immortalité que vous entrevoyiez déjà sur la terre d'exil, et Marie, la reine des anges et des saints, Marie que vous appeliez si tendrement votre mère, a dû vous conduire elle-même au pied du trône de l'Eternel, au milieu du chœur des anges!

Reposez donc en paix, et, du haut du ciel où nous aimons à vous contempler chaque jour avec les yeux de la foi, priez pour tous ceux que vous avez aimés sur la terre.

Priez pour vos amis, afin que tous se rappellent le rendez-vous céleste auquel vous les avez conviés. Que votre mort soit féconde comme l'est toujours la mort du juste ; qu'elle devienne pour les uns le signal de la véritable vie, la vie de l'âme ; qu'elle soit pour les autres un puissant motif de persévérance, pour tous un modèle !

Oui..., pour tous..., car tous nous vous avons dit, non pas adieu..., mais au revoir !

www.ingramcontent.com/pod-product-compliance
Lightning Source LLC
Chambersburg PA
CBHW060516050426
42451CB00009B/1020